Lumières

ou Déesses chimériques

Lumières
ou Déesses chimériques

Daphnée Bruguier

© 2023, Daphnée Bruguier
Édition : BoD – Books on Demand, info@bod.fr

Impression : BoD - Books on Demand, In de Tarpen 42,
Norderstedt (Allemagne)

Impression à la demande
ISBN : 978-2-3224-8049-4

Dépôt légal : juin 2023

Préface

Lumières ou Déesses chimériques dévoile les lumières, visibles et invisibles, dans tout ce qui nous entoure. La lumière est partout : dans nos relations entre humains, dans la nature, dans notre for intérieur, dans l'aventure, dans les souvenirs…

Il y a de la lumière dans toutes les œuvres et créations, quelles qu'elles soient : dans un parterre de fleurs, imaginé et réalisé par des jardinier·ères pour décorer de plantes qui leur plaisent un bord de route alors quelconque ; dans les reflets brillants des touches les plus utilisées du clavier de ma sœur, polies par ses doigts ; ou dans l'œuvre naturelle, divine ou surnaturelle du ciel qui se mute et se métamorphose, incessamment, se parant tantôt de nuages gris, de couleurs orangées ou arborant un bleu transperçant. Il y a de la lumière dans l'illumination du visage de celui qui s'offre quelque chose qui lui plaît : un jean, de la peinture, un livre, un bouquet de fleurs. Il y a de la lumière dans un baiser, un câlin, cent autres. Toutes les réalités sont lumineuses, bien que toutes ne brillent pas d'une lumière jaune et chaleureuse.

Certaines renvoient une lumière triste, tragique, bleue ou blanche, aveuglante ou tremblante. D'autres sont floues, sans couleur, fades.

Surtout, il y a de la lumière dans les souvenirs. Les souvenirs que deviendront des caresses, ceux de l'enfance, tristes ou heureux, les vieilles amitiés, les premiers amours, les ruptures, les ponts coupés, les abandons.

Tous les souvenirs méritent d'être pris en compte, même si on préfère en oublier certains. Les souvenirs sont des poèmes, mais ne sont pas tous agréables à lire. Ils sont tous entassés, compressés, pour former une silhouette projetée sur le béton, une personne. Un être brille de la lumière des émotions qu'il ressent.

Il y a de la lumière dans chaque cassure d'un cœur : rayons de soleil passant au travers d'une fenêtre sale, ou d'un ciel abondamment nuageux. Chaque fissure, griffure, hématome, asphyxie, qu'elle soit mentale ou physique, renferme une lumière qui ne demande qu'à sortir, s'évader, pour éblouir.

Il y a de la lumière dans la gentillesse, dans la compassion, dans l'échange de politesses, aussi banales soient-elles. Il y a de la lumière dans ma grand-mère lorsqu'elle demande aux deux sans-abris assis devant le supermarché ce qu'ils souhaitent manger pour le leur acheter quand elle va faire ses courses. Il y a de la lumière dans les pleurs, les larmes, les sanglots qui secouent les épaules et qui secouent le cœur, parfois jusqu'à le déloger.

Il y a de la lumière dans chaque détail du quotidien : dans les robes de pique-nique, dans les balades nocturnes, dans les draps au matin, froissés par les corps entrelacés, les jambes enlacées, les doigts, les bouches de celleux qui s'y lovent, peu importe leur nombre. Il y a de la lumière sur une étagère de livres triés par couleur. Il y a de la lumière dans les rêves vagues, embrumés, confus, auxquels on pense encore dans le brouillard du matin, en attendant le bus. Il y a de la lumière dans les rêves très clairs, chauds, que l'on aime se remémorer lorsque la journée est froide, dure et interminable, qui applique sur l'esprit une compresse cotonneuse de douceur, de bienveillance et d'aisance. Il y a de la lumière dans l'arrêt de bus plongé dans l'obscurité tôt le matin, avant le lever du soleil, et tard le soir, après son coucher. Il n'y a pas besoin de lumière pour qu'il y en ait : même la nuit est lumineuse.

Lumière chaste d'une auréole éclairant un teint frais, lumières colorées des projecteurs se reflétant sur le visage pailleté d'un corps dansant, lumière rouge, rayon de soleil s'échappant des nuages un jour d'obsèques : la lumière est omniprésente. Du début à la fin, de l'échec à l'apothéose, dans les destructions, les incendies passés, le renouveau, sur tout chemin, spirituel ou non : la lumière est omniprésente.

Il y a de la lumière dans l'inclusion, le féminisme, l'intersectionnalité, la diversité, la non-binarité. Si la lumière est lumière, et l'obscurité, obscurité, l'inclusion reste dans l'ombre – mais non, tout est lumière.

Il y a de la lumière dans les yeux rieurs d'une personne enthousiaste, passionnée, frénétique, dans ses rires à gorge déployée, dans ses gestes lorsqu'elle parle. Il y a de la lumière dans les fous rires qui tordent le ventre, donnent des crampes et empêchent de respirer. Il y a de la lumière dans les promesses faites lors de conversations tard la nuit, dans les messages échangés en cachette, dans les secrets, les confidences et les sourires complices. Il y a de la lumière dans la pénombre d'une salle de cinéma, où un couple échange un premier baiser, ou leur énième, ne prêtant aucune attention au film diffusé. Cependant, il y a bien sûr de la lumière dans ce film, imaginé et réalisé par des centaines de personnes, adoré par d'autres : création appelant aux souvenirs, chéris ou enfouis, aux cicatrices encore rosées.

J'ai commencé à écrire tôt : l'un de mes premiers souvenirs d'écriture remonte à l'école primaire. L'une de mes maîtresses de primaire avait donné à chacun·e d'entre nous un cahier supplémentaire, qui n'était pas dédié aux matières traditionnelles. Il était rouge. Après avoir proposé des titres, nous avons voté pour notre préféré : *Cahier en Liberté*. Ce cahier, supposé nous occuper pendant notre temps libre en classe, a fini par occuper mes soirées, à écrire en cachette à la lumière de ma veilleuse. C'était un cahier d'écriture autonome, sans aucune contrainte. Ainsi, je me suis soumise aux règles de la versification, m'initiant aux rimes et au compte des syllabes.

Quand je suis entrée au collège, j'ai méticuleusement choisi un carnet qui me plaisait, dans une papeterie, et l'ai intitulé *Cahier en Liberté 2*. Une citation de Victor Hugo était inscrite sur la couverture, en lettres dorées : « Puisque ceci est une page blanche, pourquoi ne pas y écrire un mot ? »

J'ai ainsi écrit, noircissant lesdites pages blanches : de poèmes entiers pendant les cours que je détestais, et d'idées, seulement, pendant ceux que j'adorais et qui m'inspiraient. J'ai écrit encore et encore jusqu'à voir naître le projet de ce recueil : pochette de soie remplie de babioles inestimables et de trésors de pacotille. Prenant peu à peu confiance en mes poèmes maintenant tangibles, j'ai commencé à rêver de me faire éditer, de publier ma poésie, de m'éditer.

Il y a de la lumière dans ces *Cahiers en Liberté*, dans les écrits de chaque personne, dans les gens qu'on n'oubliera jamais, dans l'inspiration, dans l'éternité et dans le court. Il y a de la lumière dans cette professeure qui m'a fait découvrir l'écriture et indirectement la poésie, bien que je me sois tant plainte d'elle les deux années où je me suis retrouvée dans sa classe – même dans la colère, il y a des éclairs, et c'est de la lumière. Il y a de la lumière dans la création, où que nous la placions sur le spectre allant du grandiose au banal. Et il y a de la lumière dans les rêves, qu'ils se réalisent un jour ou non.

Lumières ou Déesses chimériques

Livre I

Lumières idolâtriques, lumières chimériques

Déesses – nymphes, muses, fées, sorcières – aux beautés polymorphes, fragments qui tiennent du mirage, cirage d'un ciel nuageux – princesses et reines, ogresses et géantes – leurs peaux brillantes, robes à paillettes et jeans troués sous les halos versatiles des projecteurs poudrés – *vily* et poupées, ondines, amazones – leurs nez en trompette et rires clarinettes, leurs cils colorés, leurs joues en remous – titanites, naïades, nixes, sirènes, silphides, caryatides, allégories et héroïnes – ces femmes, femmes, femmes.

Harmonies de leurs pas déterminés dans la rue, du sautillement de leurs parapluies, leurs ailes virevoltantes et révoltées sous d'invisibles paillettes. Dansant tambour, peau d'étoffe chaude, sous leurs ongles céramique. Ouragan d'yeux, de rires et de pleurs, de cheveux. Vent de nectar téméraire, ces figures de proue fendant l'air dans la lumière des éclairs battants, leurs oreilles qui tintent, leurs langues qui claquent.

L'essence féminine est distillée dans les océans et possède le monde.

Alissa

Lumières et soleils,
Étoiles et merveilles,
Ta peau étincelle ;

Matin de printemps,
Un air hors du temps,
Et les fleurs tombant
Dans tes cheveux.

Livre I - Lumières idôlatriques, lumières chimériques

Ava

sa peau douce et claire
ombres dans l'obscurité
bouches scellées
mèches bouclées
sur son aura lunaire
mains serrées
lèvres rosées, cheveux dorés
le jour se lève
Rayon de soleil d'aurore
Aube endormie sur sa peau chaude

Éléonore

Belle endormie dans le métro,
Son visage doux contrastant
Avec le fort chaos ambiant ;
Tendre sommeil à fleur de peau.

Ses genoux recroquevillés
Et ses cheveux roux en cascade,
Lit de roses, rêves ballades
Bercent la belle ensommeillée.

Shirine

Étoiles autour de sa tête, fée
Ou comme une nymphe aux estivales musardises ;
Forêt silencieuse et luminée
D'écureuils dont elle est la marquise.

Sa robe blanche et son panier
Plein à ras bord de fraises des bois,
Et mûres qu'elle a cueillies ; reflets
Dans le petit ruisseau fait de soie.

Cora

Pommettes pétales, yeux libellules
Et son corps dans la rivière de lune,
Son visage doux, rêveur, impassible
Tout aussi radieux qu'un de ses sourires.
Ses cheveux de la couleur des roseaux
La basse cascade masse son dos ;
Elle s'allonge dans le lit de l'eau,
Observe la surface du ruisseau.
La surface brillante, fascinante
Et son reflet sur sa peau fraîche menthe.

Kimora

Cheveux sous l'eau comme un corail divin,
Son visage à la surface brillante,
Ses épaules inondées de reflets fins,

Et les petites vagues au loin ardentes.
Le soleil obsidien contre sa peau,
L'eau miroir, sourire soleil, peau de sel
Et ses longues tresses traînant de dos.
Le ciel tremble, secoue l'horizon tel
Corail divin au fond de l'eau.

Zoey

Éclats de soleil sur ses taches de rousseur,
Pommettes en ailes de papillon ;
Le bout du nez recouvert de pollen,
Sa crinière d'or sauvage et sa peau d'ange.

L'angélisme de la neige en toute saison,
Le charme du soleil même dans la nuit,
D'un soleil qui n'a pas peur de la pluie.

Aurore

Ange fait de lumière, à la peau pâle,
De ses cheveux dévoile son visage
Révélant sa joue nacrée et liliale.

L'éclat de son nimbe, astre sur sa tête,
L'orbe de son corps, cataracte nette,
Calme et douceur dans ses yeux de comète.

Mysticisme de l'être de lumière,
Dont même les larmes et pleurs éclairent
Le long de son cou opalin, chair claire,

Et quand elle marche ses cheveux s'envolent
S'entremêlent autour de son auréole
– Ils dévoilent sa nuque et ses épaules.

Ange fait de lumière, halo précieux,
Sourit de ses lèvres rosées, teint bleu,
Elle vit, de son vivant nébuleux.

Iris

Couronne de miel sur la tête
Comme les anneaux d'une planète.
Supernova.
Ta balançoire volant vers le ciel
Chaque fois plus proche du soleil,
Tournée vers lui comme un tournesol
Jusqu'à ce que tes paupières s'encrent d'or
De ton éblouissement.

Nour

Ses bras mouvants,
      elle saute de nénuphar en nénuphar.

Habillée de mimosa,
          les pivoines et nymphéas
                qui couvrent sa tête
      suivent ses mouvements avec latence.

Ses cils découpent l'air ambiant,
          écume du ciel, elle pleure,
    se love dans ses ailes de papillon
    attirée par la lumière crue du ciel ;

    Icarus, ailes fondues,
            brûlées

                    par ce soleil infâme et noir.

Emmeline

Papillon au cœur iridescent
Fée aux ailes poudrées
Cœur poudré, ailes iridescentes
Créature du printemps impatient.

Cage de fée et miroir doré
Perles de son cabinet de curiosité
Sur un lit de plumes d'oiseaux entassées
Repose sa peau de fumée.

Khadija

Ses paupières nacrées de rosée,
Son teint nuageux, ses cils plumes ;
Elle ne cueille que des fleurs fanées
Et la même chanson douce elle hume.

Piquée des tiges de ses bouquets,
Épines d'un amour qui déteint,
Et elle attend de réaliser
Ce que veut dire ce présage geint.

Ses joues pétales et yeux libellules
Bientôt ne se coloreront plus
Que pour ses images, pellicules
La nostalgie d'un sourire dû.

Zohra

Les étoiles s'allument une à une
Comme des lanternes en pleine nuit
Et au-dessus, ses yeux cherchent la lune
Quand l'horloge sonne juste minuit.

La neige blanche crisse sous ses pas,
Et brûle sa peau et ses cheveux
Sur les trottoirs envahis de regards
Voile d'yeux indiscrets ; *c'est elleux.*

Chelsea

Esprit aux facettes infinies
Feuilles noircies, papier froissé,
Lignes et brouillons renfermés ;
Et paillettes de couleurs vives.
De son écriture bouclée
Entre les couvertures cuir
Secrets gravés dans le papier
Que personne encore n'a ouï.

Sifia

Tu ne cueilles pas le jour, mais son souvenir,
Son apparition sur la chaise du balcon,
Son visage ridé, te souriant, paisible,
Heureux présage des nuages de lumière.

À ton réveil, changement raide d'atmosphère :
L'oreiller séché en vain – pas de bouquet –
Les fleurs de la vie resteront enracinées
Encore un peu

        À la merci de cet anti-*carpe diem* que la
nostalgie chante au creux de ton oreille.

Livia

Volatiles papillons édulcorés
Métaphore le long de ses collants filés.
On voit sa peau trouée par ses cheveux sépia,
Ses yeux maquillés et ses bagues à chaque doigt,
Son âme tordue, ébranlée par ses mots durs,
Par ses faux mouvements et ses éclaboussures.
Pourtant elle revient chaque fois qu'elle ment,
Comme aimantée au métal de ses chaînes d'argent.

Myra

Larmes étincelantes détachant les fleurs de ses pommettes
Larmes étincelantes coulant le long de sa peau, son cou
Larmes étincelantes levant le voile sur sa tempête
Sa tempête de larmes, l'ivresse de douleur dessous
Sa tempête de larmes salées, déluge sur ses joues
Déluge, tornade, ouragan déformant son las visage
Le déformant de douleur, mal-être qui lui serre le cou
Jusqu'à l'étouffer de l'intérieur, rétrécissant sa cage.

Vanessa

La pluie coulait de ses doigts dansant sur les touches
Rebondissant sans cesse, orages et merveilles.
Vent fait de fines gouttes, larmes qui se touchent,
Cascades, torrents et averses en éveil.

Sa voix nacrée se fit doucement entendre :
Aube puis zénith, éblouissante à pleurer,
Les doigts froids et tremblants, une mélodie tendre,
Tout était déjà créé, mais elle inventait.

La musique accélérait, puis ralentissait,
De nouveau. Le piano s'altérait, la salle irradiait,
Le son dansait, et l'audience, happée, se tut.

Chaque note en un sursaut ; le frisson s'affaisse
Doux et anesthésiant, sucré comme un sirop :
Tombons à la renverse, telles gouttes d'eau.

Cerise

Nymphe aux ailes encore attachées,
Toujours coincées dans son dos tendu
Ailes frêles prêtes à percer,
Sous cheveux de vents et d'éclairs en flux.

Nuisette couleur fraise des bois :
Le tissu fin effleure sa peau ;
Et fige son visage de soie,
Quand ses ailes s'ouvrent par le haut ;

Délivrées par l'ombre d'un nuage
Qui brûle les chaînes du soleil,
La nixe déchante d'un cri sage
Nuisette tachée de sang groseille.

Félicie

Champs de givre et de lumière
Gouttelettes miroir
Ta fenêtre envahie par les fleurs.
Le temps attend
D'apercevoir la flamme de ton pétard
Ta beauté explosive sur tes lèvres rouges.

Maya

Femme de coquelicot ;
Robe rouge, sa peau brune,
Ses longues jambes cachées
Sous son jupon couleur prune,
Marche avec légèreté ;
Soleil rouge coquelicot.

Diana

Tes cheveux ébouriffés, en feux d'artifice,
Artifices de ta beauté éblouissante ;
Leurs doigts caressent ton corps de feu, peau brûlante.
Des frissons te parcourent en feux follets fuyants,
Les draps glissent sur tes épaules, festival,
Et quand le rideau tombe, ton bouquet final,
Leurs ovations pour toi, ton feu d'artifice.

Roxanne

Dans les néons des projecteurs
Sous lesquels elle danse, vermeils –
Elle brille sous ses paillettes –
Camaïeux électriques, fleurs.

Paillettes coulantes, elle l'écoute
En rêvant de sa vendetta,
Main sur son torse – magenta –
La sienne sur sa taille – gouttes.

Œil pour œil, dent pour dent
C'est fait.

Les projecteurs poursuivent leur danse :
Vermeil – bleu – émeraude – magenta –

Il est le seul
Qui ne danse plus.

Estée

Elle se tient là, dans sa longue robe éthérée,
Parée d'autant de brillants que son âme de brouillons,
De soie, de satin, tulle, dentelle et sequins, céleste.
Son âme audacieuse, suffisante à la sublimer
Qui pense qu'elle n'a besoin d'aucune autre émotion :
Elle refusera les bras tendus de tes promesses.

Cherche d'un regard attentif ses ailes éthérées,
Ses bredouillements, gestes impulsifs, esprit brouillon,
Et sa planète, l'anneau autour de ses hanches célestes.
En se tenant là, dans sa longue robe sublimée,
Elle fera fondre la glace de tes émotions
Et elle s'envolera à chaque frêle promesse.

Le coin de ses yeux et ses joues brillantes éthérées
Ses cheveux attachés, relevés en chignon brouillon
Ailes cachées, l'anneau autour de ses hanches célestes
Son visage doux, calme, féerique et sublimé,
Poudre brillante autour de ses yeux, regard émotion,
Apparition cosmique, tremblante comme une promesse.

Delilah

J'ai rencontré une fille
      Aux épaules rondes et aux cils bleus
      Avec des yeux céladon étincelants.
      Aphrodite à la robe de jersey informe,
qui tombait courte sur ses jambes épaisses
et cachait à peine ses seins fins.
      Le soleil faisait briller sa peau et la
fine chaîne qui entourait son cou.
      Ses cheveux aux mèches rousses
étaient tirés en chignon à raie
      Pincé
      Ses sept boucles d'oreilles
dansaient au rythme de ses sourcils d'or,
arqués de la même courbe que ses lèvres nues,
      Sourire ambré qui dénudait ses dents carrées.

Sally

Zigzag de cheveux, ses tresses décolorées,
Le frémissement de ses jambes sous le stress .
Ongles vernis bleus, chaussettes dépareillées ;
Elle se moque de tous ces affects obsolètes.
Liquide bilieux sans cesse repartagé
À ces gens qu'elle croise sur un coup de tête.

Rebecca

Sublime, scintillante,
Ses vêtements comme la nuit,
tombent ;
Habillée de baisers,
De cet amour qui succombe.

Rose aux épines rétractées,
Ses doigts frais qui rencontrent
Ses pétales qui montrent
Sa lascivité adorée.

Candice

Ses piques acidulées cessent
Quand ses bras entourent ton dos
Quand vos lèvres scellent trêve
Quand vos corps nus peau à peau
Unissent vos soupirs.

                Baisers orange et citron
                Dont l'amertume vous bat,
                Guerre de toutes saisons
                Ou trêve qui durera
                Unissant vos soupirs.

Elle mène trêve et danse,
Elle danse sur tes hanches
Tu ne vois plus qu'elle, et transe ;
Les lueurs de votre alliance
Unissent vos soupirs.

                Sur toi son corps se balance
                Et ses yeux acidulés,
                La pulpe sous sa peau dense
                Te fait oublier tes mets ;
                Et unit vos soupirs.

Judith

Tu étais une avalanche
Un véritable rebondissement
Coup de théâtre dans les pages blanches
L'éclipse d'un volcan
Immense ;
La fugacité qui tintait dans ton rire
La fin de tout ce qu'on t'écoutait dire
Avant que tes yeux ne se lèvent au ciel,
Éclipse d'un volcan démentiel.

Rita

Son visage hâlé et ses cheveux bruns,
En robe de soirée noire en satin
Accoudée sur un vieux balcon de pierre,
Ses jambes nues et ses lèvres concert.

La lumière du début de soirée
Éclairait divinement sa nuée
Et sa peau visible entre les colonnes.

Sa·on locuteur·ice au téléphone
Quoi qu'iel ait dit, voulu la faire rire,
Son visage d'éclats, s'ouvrit, fleurit.

Belle comme la femme d'un tableau
Accompagnée d'un vieil air de piano
Iconique et divine, inoubliable
Irrésistible et solaire, irremplaçable.

Jeune éphémère à son balcon de pierre
Demi-tour de vent, robe sur ses hanches
Elle s'éclipsa.

Cassiopée

Le tissu serrait ses épaules et, telle une cascade, dégringolait le long de son corps et flottait autour de ses jambes, les caressant d'un voile léger et scintillant : nuit étoilée dans ce tôt matin frissonnant. Parmi la foule comme un alexandrin blanc, ses cheveux virevoltaient et son visage éclairait la Terre entière d'un rayonnement lunaire. Ce ciel nuageux n'avait pas besoin de soleil, ni cette ville brumeuse de lampadaires ; le monde est obscurité, et elle est lumière.

Victoria

Dans la pénombre brisée par les feux follets
Se créant autour de ses chevilles – éclairs
Chaque fois qu'elle pose un de ses pieds à terre ;
Faisant trêve, dans un flottement, elle lève
Ses deux bras ondulant au-dessus de sa tête,

Telle une vieille statue de déesse, ancre
Inconnue, et dont le culte égaré manque,
Ensevelie dans la boue de l'étang ambre.

Danaé

I

Brume poudrée
Délaissée
Par le soleil

II

Respire dans le velours de la nuit
Laisse-le envahir tes poumons de gris
Du haut de ta tour de fortune
Tu sembles attendre.

III

Tristesse gravée dans du sable
Dans les nuages mouvants du ciel
Tristesse arrivant en vagues
Heurtant tes falaises de miel

IV

Arbres d'opale le long
De ton corps, sous ta peau

V

Dans ta tour, sans poussière d'étoile
Sans pluie d'or ni de bougies

VI

Brouillard poudreux
Soleil délaissé
Ton cœur bleu
Ton cœur éraillé

VII

Arborescence bleuâtre dans le sombre jour.

Lumières ou Déesses chimériques

Livre II

Lumières du réseau de cœurs

Dissection des cœurs, contemplation des âmes, des reflets infinis de vies ; écho d'un tambour, d'une caisse de résonance à artères. Les âmes liées, les cœurs noués, les mains serrées et les joues jadis embrassées, dans des étreintes intriquées, ces fragments d'éclats de rire d'inconnu·es comme le prisme d'un arc-en-ciel. De la comparaison à l'embrasement, bouquet de loupes aux verres à double tranchant, de lunettes roses et bleues, pédiluve de questions, de remises en question et de parties remises, rétrospectives aux lueurs orange dans le rétroviseur.

Parfois je regarde le bus dont les lumières bleues s'échappent des fenêtres dans la nuit. On ne sait plus trop si c'est un bus ou un halo bleu qui progresse sur la route. Et tous ces gens qui vont dans des endroits différents en prenant le même chemin.

[Peut-être que les liens de nylon sortent des cabosses du micro]

Nos visages racontent l'amour, la haine et la peine
De nos passés, notre présent et des futurs
Ils racontent les rires, l'espoir et les larmes
Nos flammes, vos sourires et tes rencontres.

Amour déteint sur chacun de nous
Sur tout le monde, partout
Connectés dans un réseau de cœurs
De cris, de peines et de corps.

Aujourd'hui j'ai lu
une fille
aux yeux reperçants
et aux cheveux redorés
yeux pareillés
revairons.

Hier j'ai relu
la fille
aux joues bondies
et au nez troussé

Revue et vu – requête.

Désaccords entre moi.
Régime d'un régime totalitaire
Régime régime régime
Moins de glucides, moins de gras,
moins de vie
Des os, on ne veut que des os
Cache-toi
Pas assez mince pas assez mince
Trop trop trop trop trop

Toujours trop
Toujours pas assez
Jamais comme il faut

Trop de formes
Pas assez
Désaccords désaccords désacorps
Contresens contradictoires
Contraires antithétiques

Indubitablement
Irrépressiblement
Jamais comme il faut

Leurs paroles tumultueuses nous noient

Regarde-toi
Tu fais peur
Tu n'es pas assez
Tu es trop

Tu es un désastre.

Les autres qui se propagent en moi
               couleurs, esthétiques
               drapés et boucles
               leurs, leurs, leurs, leurs
               qu'est-ce qui m'appartient ?

Qui sont ces a(u/s)tres ?

L'amour fait peur comme une piscine d'acide,
Force divine qui candidement décide
Avec qui nous sommes étroitement liés
Pour un laps de temps qui reste indéterminé.

Il se présente comme la lumière au bout
Mais n'est en réalité rien d'autre qu'un piège
Grêle sans pitié, remorquage dans la boue,
Un conquérant qui, pays et villes, assiège.

L'amour fait peur comme un cri dans l'obscurité,
Comme la mort approchant, le manque d'air et
      Comme l'amour

Ta peau de marbre, longues arborescences
Peau d'écorce tout le long de tes branches
Arborescences lacunaires

Peau de marbre, de surplus, de griffures
Le tissu coule sur tes vergetures
Ta peau de marbre lacunaire
Lacunaire en amour
En tendresses à soi.

Je clame, m'acclame et tu t'exclames,
Tout explose et le miroir se casse.
Ces mille éclats qui brisent enfin
Les mirages derrière lesquels
Nous nous éclipsions sans cesse.
Ils disparaissent mais il nous reste
Nos larmes dans nos yeux,
Ces ruisseaux à pleurer,
Et cette place que
L'on ne pourra combler.

Reconquiers ce corps muséifié
il te revient
il t'appartient déjà.
Reprends-le
Défends-le
Protège-le
Prends-en soin
Tu n'en as qu'un.
Ce corps c'est toi
Reprends-le
Aime-le
Mais garde en tête
que ce corps c'est toi
mais toi t'es tellement plus
qu'un corps.

Regarde

Regarde les rainures des feuilles

Les fibratus du ciel

Regarde les lignes de l'écorce

Le pelage de l'animal

Regarde les rochers éraillés

Les fissures des chemins

Des pierres

Regarde l'écume mouvante

Puis ta peau émouvante

[Pourquoi as-tu honte de tes vergetures ?]

Tu es ta propre mélodie ; alors

Embrasse chaque contretemps
Embrase tous ces courts moments,
Arrache-les au cours de la vie
En les gardant comme souvenirs.

Expérimente dans tous les styles,
Joue toujours chaque battement pile
Plus vite que le temps pour le surpasser
Et en même temps que lui pour l'embrasser.
N'hésite jamais à te jeter à l'eau
Ou bien hésite dans un silence faux :
Faire semblant de garder le rythme est parfois
Le meilleur moyen de le rattraper en toi.

> – tu es ta propre mélodie ; alors
> écoute les paroles dites.

Livre II - Lumières du réseau des cœurs

Ton ventre est un bouquet,
Tes jambes sont tes racines,
Et tes cuisses comme des troncs,
Où la vie circule en ta sève.

Tu es feu de joie
Et gouttes d'étincelle
Ne doute jamais de toi

Tu fais de l'ombre au soleil.

Une fraise est un cœur sur lequel le soleil se lève,
Et une fleur doit faner pour se
transformer en fruit ;
Ta peau n'est qu'une écorce
[Personne ne s'inquiète des pores d'une orange
Ou de la texture de l'écorce d'un arbre]
C'est en se lâchant que les feuilles
Obtiennent toutes leurs couleurs.

La beauté n'a rien à voir
avec tout ça
et tout à voir
avec toi.

Toutes les enveloppes corporelles,
Chaque vergeture, chaque tache, grain ;
Chacune des formes et des chairs, est belle.
Toutes les cicatrices, tous les teints,
Chaque pigmentation et chaque poil
Chaque peau dans toutes ses exceptions.

Les rideaux verts volent doucement dans la brise de ce début d'après-midi. Un grand ciel bleu trône, entièrement dénudé, visible à travers l'étoffe, et un silence faussement léger flotte, gardant chaque pensée et chaque émotion secrète. L'on entend le bruit discret des gribouillages au crayon, presque sans interruption, ressemblant à s'y méprendre au son d'une pluie de printemps, au milieu d'une nuit muette. La lumière filtrant à travers ces cascades émeraude pénètre la pièce en une lueur fragile ; elle contraste avec les ampoules agressives accrochées au plafond, heurtant depuis des heures déjà des dizaines d'yeux cernés en quête de douceur.

Baigné·e dans le soleil
Où le calme pullule,
Douche de pluie du ciel
Sous les nuages en poire ;
Apprendre à s'aimer tel·le
La chaleur d'un gros pull.

Je marche à travers le jardin
botanique recouvert de lierre,
Tournant doucement en équilibre
sur le bas muret de pierre
Les bras écartés, imitant une
danseuse loin du classique,
Me laissant porter par l'air de
guitare d'un inconnu assis
Sous les branches des arbres touffus,
entre lesquelles le vent bruisse
L'ombre est douce et l'air est lumineux,
Sous l'air de guitare de cet inconnu bleu.

Astres filant comme des occasions manquées
Dans nos archives de constellations brisées :
Regards détournés, ondes d'étoiles ignorées,
Jusqu'aux anneaux glacés de vies emprisonnées.

Briser les chaînes puis s'envoler, revenir,
Et enfin, ainsi de plus belle, repartir
Pour toujours peut-être, un renouveau fondateur,
Horizon brillant, grands changements formateurs.

Lumières ou Déesses chimériques

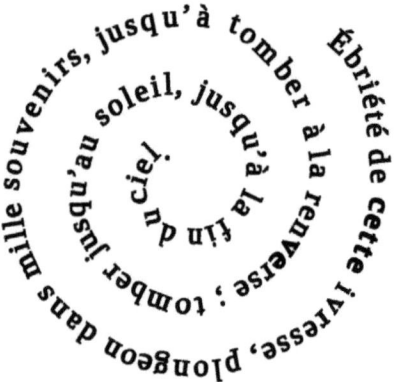

Ébriété de cette ivresse, plongeon dans mille souvenirs, jusqu'à tomber à la renverse ; plongeon jusqu'au soleil, jusqu'à tomber jusqu'à la fin du ciel.

Livre III

Lumières intérieures, lumières sensibles

Plongée dans mes humeurs éclectiques, dans le ciel qui clignote, graines volantes aux parasols aériens, douceurs qui grattent. Quelques instantanés collés sur un album photo vieilli, gorgé de souvenirs et taché de larmes, quelques tempêtes sous cloche. Papier fébrile malmené par le vent, déchiré en son centre par un éclair lent, un couteau lumineux – tonnerre [la pluie est en retard mais elle ne va pas tarder].

Introspection délicate, pétales en équilibre sur un fil, sous les lumières papillotantes, sensibles et chaudes, sous les rayons funambules, bloqués par l'ombre approchante des nuages épais derrière lesquels le soleil aime jouer à cache-cache.

Fragments d'éclats de lumières qui traversent les rayures de mon cœur invertébré.

Bourgeon en avance – serait-il possible ?
Ainsi du désespoir renaît l'espoir
Qui se fane insipidement – impossible.
Ainsi de l'espoir renaît le désespoir.

Pissenlits dans mes cheveux,
Astre dans ton univers,
Rayon de soleil pluvieux,
Réfléchissant l'atmosphère.

Mes larmes usent mon visage
Orné d'étoiles déchues
Qui atteignent le rivage
De mon chagrin tu.

Il pleut sur mes joues, il pleut dans mon cœur,
Il pleut sur mes mains et sur ce mouchoir.
Il pleut de mes yeux, sur mes cils, mes fleurs,
Il pleut mon soleil, mon âme laissée choir.

Et par la fenêtre, coin de lumière,
Les nuages pleurent le long du ciel.

Les larmes qui baignent mon visage
À ne plus savoir d'où elles viennent,
Mes cils trempés, mes yeux engourdis
Et ma poitrine qui brûle fort ;
Images, nuages de passage,
Mon cœur cassé, mon cœur porcelaine.
Et les gros flocons s'accumulant—
Tornade dans cette boule à neige.

Effet boule de neige
Effet papillon
Mon cœur porcelaine
Mon cœur en poussière.

Mon cœur tordu, écrasé, étouffé,
Cœur trop sensible, fragile, futile,
Coincé entre mes poumons éméchés,
Mes poumons rouillés, fébriles, subtils,
Mes poumons qui s'emballent pour un rien,
Surplombant mon estomac capricieux.
Mon estomac ou vide ou trop plein,
Parfois empli d'un poids comblant le creux.

Cet étau se resserrant autour
de ma cage thoracique
Que j'enserre sans cesse, ressassant
mes pensées plastiques
Jusqu'à ne plus pouvoir respirer, étau nocif
– jusqu'à ne plus pouvoir respirer.

Ce trou béant dans ma poitrine
Rempli de larmes et de sang
Envahi de cris et d'épines,
Vide de tout, vide de sens.

Ce trou béant dans ma poitrine
Comblé de douleurs lancinantes
Et plein d'angoisses clandestines
De crises et de clous sur sa pente.

Ce trou béant dans ma poitrine
À s'en arracher les poumons
Il crie à en exploser des mines
Jusqu'à briser sous la pression,

Ce trou béant dans ma poitrine
Débordant de kérosène.

Voiture qui lutte contre l'averse
Dans une pluie battante de tempête
Qui sort directement de ma tête.

                                                    Il fait
                        nuit nuit nuit
dans mes yeux
                        chaud chaud chaud
dans mon corps
                        froid froid froid
sur ma peau
                        vide vide vide
dans mon être
                                                    il fait fièvre.

Flotter dans l'espace noir de mes maux
Nager en Uranus ; chute tactile ;
Planète de gaz, d'air coloré, d'eau
Tomber à la renverse après l'idylle.

Je repense à tes mains sur moi, nos peaux
Perméables de douleurs délébiles
– Non. Je ne veux pas tes mains sur ma peau.
Tu n'entends pas. Mon corps [que tu mutiles].

Mes sentiments maladifs
Brûlant comme de l'encens
Sous la fumée érébique
De tes mots en moi sombrant,

Brûlant comme de l'encens
La fin est toute proche
De tes mots en moi sombrant
Sous ma peau de roche.

La fin est toute proche
Tes discours vont disparaître
Sous ma peau de roche
Se dissoudre dans ta lettre.

Tes discours vont disparaître
Se diluer et déteindre
Se dissoudre dans ta lettre
Que j'ai fermée et éteinte.

coffre-fort qui cache un cœur

                        Cœur fragile

                        Cœur caché

        protégé

              déjà fêlé

                        Cœur de verre

aux intérieurs aiguisés.

Nébuleuses de l'été
Au seuil de la somnolence
Fourrée de rêves innés,
Véranées incandescentes.

Mes paupières sont lourdes mais légères ;
Elles se ferment mais je vois à travers.

Lumières ou Déesses chimériques

Livre IV

Lumières naturelles, lumières brutes

Balade dans le battement brut du jour, et celui de la nuit, les coups bruts du soleil et ceux de la pluie, parmi les ombres qui dansent et les ombres statiques, partenaires idéales de ce silence frémissant. Balade dans la nature libre et qui happe, englouti·e dans le feuillage lumineux et le ciel-enveloppe. Balade libre. Idylle solitaire parmi les nuages lunaires, entre les émerveillements anodins et les oublis quotidiens, sous les parasols de pensées, au fil de rencontres impromptues, contemplation des reflets mouvants du lac artificiel.

Les images défilent sur les reflets
des vitres démentes
Le ciel rosé comme des joues après un trois temps
Le vent absent, le silence étrange, imposant
Les ombres grandissent, effrayantes,
désarticulées, courbées
Ma chair se hérisse doucement
Genoux de plumes, marche endolorie
Endolorie de vide, endolorie de silence

Et mon corps se confond avec la nuit.

Livre IV - Lumières naturelles, lumières brutes

Lumières sur le miroir du bitume
Lumières mouillées, lumières tremblantes
Lumières polarisantes de lune
Lumières trempées, lumières filantes

Et les lumières de la ville s'expédiant
Peu à peu
Froissements de mon cœur exponent.

La nuit lumineuse
                rentre
                            par effraction

Elle s'infiltre
        à travers les trous de mes volets
        Elle braque
                      mes murs
et elle s'installe là.

Elle ouvre mes yeux
                de force
                      doucement
                      lourdement

Livre IV - Lumières naturelles, lumières brutes

La nuit lumineuse
               attaque
                            mes iris
                                        mes pupilles
Elle m'aveugle
       me tue
             m'éblouit

De sa lumière absurde
               de sa lumière enténébrée

Vole mon sommeil
                           et kidnappe Morphée.

Ces douces couleurs matinales
Brisant la ligne d'horizon,
Vers cet espace vide abyssal
Du soleil vif, de ses rayons.

Livre IV - Lumières naturelles, lumières brutes

L'horizon tremble, ligne secouée,
Courbe ondulante, l'ardeur assommée
Comme l'air prisonnier d'une bouteille
À la chaleur de l'orée du soleil.
Je marche sûrement sur une étoile
Ou n'est-ce que le sable de la plage.

Mon corps dans l'écume, bercé entre deux mers,
Visage recouvert de brume, reflets lunaires.
Mes cheveux éclos dans l'eau, le soleil dansant,
Perles de sel sur ma peau, rochers approchant,
La vision bleutée, je m'oublie au creux des vagues.
Je me laisse divaguer et mes pensées divaguent
Je dérive et m'en vais, je laisse et quitte, je pars.

Ruban de pluie, soie d'aurores,
ces aquarelles de ciel,
raies de couleurs éphémères
émouvant l'âme en son core.

Toiles de coton brillant
enveloppant le char lame
qui pleure son oriflamme
distillé en tons fuyants.

Muse éolienne
Au corps de bois flotté,
Cheveux acidulés
Vent de captivité

Muse éolienne
Et la présence fragile
De son corps tangible
Vent scellé.

Livre IV - Lumières naturelles, lumières brutes

Le rugissement calme de la mer
Irrégulier tels les nuages du ciel ;
Larmes d'écume, de joie ou de peine,
À l'horizon les deux bleus s'entremêlent
Jusqu'à se confondre, nuage-écume
oiseau-poisson, et puis moi-lune.

L'eau claire ruisselle entre les rochers,
Ses reflets scintillants dans leur ombre,
Et toutes ses lucioles en nuée
Tels des néons éclairant l'ambre,
Et toutes ses pierres se reflétant
Telles des iris, amoureusement,
Devinant l'âme aimée.

À l'ombre claire du chêne
Lumineuse sans pareille,
La prairie fraîche étalée :
Couleurs, fleurs parsemées
Comme des grains de beauté
Sur une peau de l'été
Chaude, soleil et sensible,
À l'ombre du chêne, paisible.

L'herbe sèche sous le soleil,
Entachée de fleurs vermeilles
Survolées de papillons,
La prairie à l'abandon ;
Leurs ailes battant le ciel
Créant frêles courants d'air
Et le chêne surplombant,
Trône et couronne, régnant.

Les cigales s'époumonent
Et le vent d'été caresse les poils de mes jambes,
Mes yeux sont fermés
Et je remercie le tilleul de se tenir là pour
protéger ma peau du soleil lourd.
J'ai balancé ma tête en arrière et mes cheveux pendent
à la merci de cette douce brise d'ombre ;
Les chants des insectes redoublent soudainement,
Mais je ne me résous pas à ouvrir les yeux
Et je reste immobile.

Pieds nus dans l'herbe du jardin,
Soleil timide, marguerites,
Jambes chatouillées par les brins
Dansant, tournant — pluie tellurique.

Cueillons nos fleurs en bouquets.
Dans mon dos me poussent des ailes
Voyant ton cœur dans mon panier ;
Cherchons le bout de l'arc-en-ciel.

Lumières ou Déesses chimériques

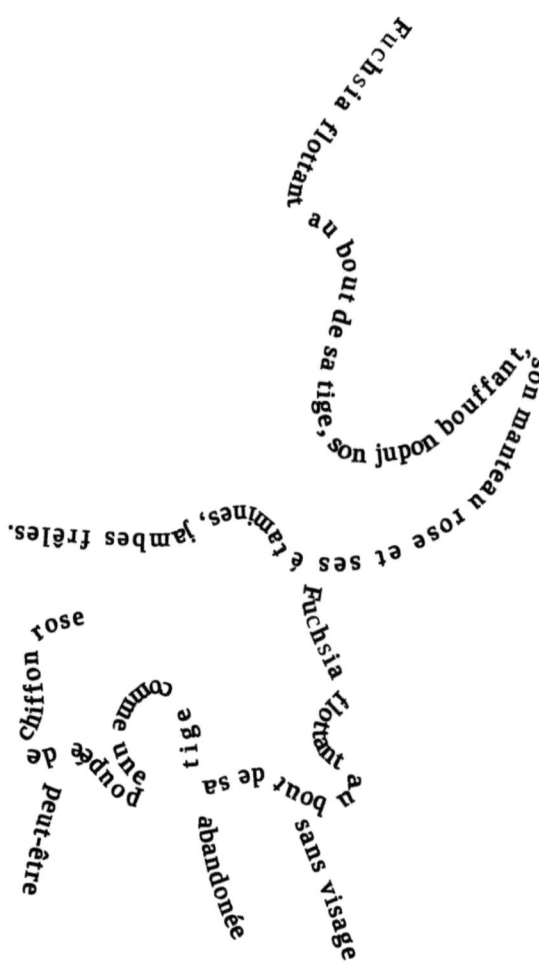

Fuchsia flottant au bout de sa tige, son manteau rose et ses étamines, jambes frêles. Fuchsia flottant au bout de sa tige sans visage abandonée comme une poupée de chiffon rose peut-être.

Quelques bourgeons colorés,
Une impatience avérée,
Rare ombre sous ce soleil,
Pour le pot près des groseilles.

Fleurs fragiles et colorées
Et le sourire fruité
De tes lèvres vermeilles.

Ma cueillette de mûres a fini dans les vergers
Et je récolte les fruits de ces arbres variés
Avant de m'installer sur leur lit de fleurs fanées.

Doigts de fée au fond de mon
panier plein à craquer :
Couronne de onze marguerites, et coquillages
Trouvés en creusant la surface – leur long voyage.

Ville observée au crépuscule,
Nuages jaunes, roses et orange ;
Toute ma vision qui bascule,
Les yeux vers le halo d'un ange
Qui chute, déchu, dans le silence :
Mutisme creux sous l'horizon.
Défaillance ou bien concordance ?
Je m'allonge enfin, arrêt long.

Ville observée au crépuscule,
Cendres et braises dans tes yeux.
Ce paysage que tu adules,
Je te regarde tant que je peux :
Tant que le soleil illumine
Comme tes yeux illuminent.

Lumières ou Déesses chimériques

Livre V

Lumières de toi, lumières de nous

    dernière partie premier témoin dernière braise de notre cendrier [on n'a jamais fumé] dernière clef jetée du cadenas de praline dernière photo des deux bouteilles alignées sur ton étagère [on n'a jamais bu] dernière carte [celle qui fut jetée] dernière bûche du feu de joie qui se relève déjà à l'horizon plant de mes pleurs bouillants dernière page de notre premier volet [deuxième]
    lumière d'un amour de jeunesse en bouteille.

Rires légers, pluie torrentielle
Nos mains froides, nuit tamisée
Et les yeux rivés vers le ciel,
Ton rire léger, étoilé.

Froid glaçant, frigorifiant,
Cent lampadaires fatigués,
Puis main dans la main, lentement,
Et les yeux mouillés.

Romance d'été sous le grand saule pleureur
Tranches de pastèque et glaces à l'eau à la fraise

Noyaux de brugnons laissés dans le caniveau
Notre nappe jaune écrasant les herbes hautes

Tes mains sous ma jupe, bouquet de boutons d'or
Nos visages dans les trèfles, fraîcheur d'été

Pique-niques perchés en haut du cerisier
Balades dans les forêts et jardins fleuris

Les hématomes de mon cœur te veulent toi
Tout près de moi, l'été jusqu'à la fin du monde.

Allongée à même l'herbe lors de ce début d'après-midi ensoleillé, bouchée de fraîcheur, de nouveauté. Les rayons de soleil se glissent entre les feuilles et les branches du saule pleureur sous lequel nous avons trouvé refuge. Ils se tortillent, sautillent et se faufilent pour essayer de toucher ma peau, comme un jeu de cache-cache invisible. L'un des côtés de mon bras est soumis à la candeur humide de la rosée du soir tandis que l'autre fait face aux rayons de soleil qui me pourchassent. Je ferme les yeux un instant. Le bruit sourd des battements de mon cœur est lent, régulier. La lumière du jour, presque trop intense, colore de rouge le dessous de mes paupières, les assortissant à mes lèvres, appesanties de t'avoir tant embrassé. Je me tourne sur le côté, te regarde. Tu sembles éclairé d'une lueur autre, comme si un rayon de soleil spécial n'était là rien que pour illuminer ta figure assoupie. Je m'approche, te prend la main et glisse ma tête dans le creux de ton cou. Je m'endors, te rejoignant ; je m'embaume de ton odeur qui me complaît et m'enivre, m'étourdit et m'alanguit.

Amour bordé de *kérylos*
Je nage jusqu'à toi, égard,
Je me blottis contre ton torse
Seule l'eau fraîche nous sépare.
La rivière n'est pas très profonde,
Mais tu es le seul qui a pied ;
L'eau s'agite à la surface, ondes
Quand avidement tu défais
Les quatre nœuds de mon maillot.

Le soleil tape, vermeil
Sur nos peaux abricot,
Coup de cœur, coup de soleil
De nos peaux abricot.
L'eau salée et ridée sèche
Sur nos peaux abricot
Près du panier plein de pêches,
Près de nos peaux abricot
Près de ta peau.

Soirée d'été, Soleil décline lentement
De belles ombres se dessinent sur ta peau,
Les pétales tombent puis dansent dans le vent ;
Cette douce brise dans le ciel indigo.

Et, semble-t-il, pour toujours enlacés, nos corps
L'un dans l'autre, semble-t-il, jamais assez proches,
Immanquable manque de ta peau en accord,
Désaccord ou trémolo, je te veux en croche.

À un moment viendra l'heure de se quitter
Ce sera, semblera-t-il, pour l'éternité ;
L'on se reverra, pourtant, quelques heures après

Et quand le soleil se lèvera ce jour-là
Je voudrai, pour toujours, plus
de temps dans tes bras
Je veux mille années de lumière avec toi.

Le vent soulève ma robe à carreaux

posée sur l'herbe, près du panier d'osier
où repose le bouquet que tu m'as offert

Mes pivoines rosées sous tes caresses

et je t'aime.

Allongés dans la bruyère
Odorante, champs sans fin,
L'horizon du soleil d'hier,
Bataille de grains de raisin
Encore trop durs.

Dernière soirée d'été,
L'ombre des feuilles d'automne
Pointent le bout de leur nez
Mais le jour dure.

L'écume mourante sur le rivage luit.
Mes lèvres azurées par le froid de la nuit,
Et mes joues rougies de te voir me regarder
Me rappellent comment t'embrasser est rosé.

Le soleil se levant, rallume mon brandon,
Rallume ma joie chaude, piquée en chanson,
Remettant des couleurs dans le ciel terne et gris
À présent chaud, éclatant et cérémonie,
Mes cheveux reflètent la chaleur des rayons.

Épuisée du trajet dans la nuit du matin
Je me suis endormie lors du retour serein
Mes cheveux étalés sur le siège, sensible,
Ta main sur ma cuisse, le silence paisible
Tu conduis, oui tu nous conduis à la maison
Comme si de l'amour j'étais l'exposition.

Je savais que tu n'allais pas me réveiller,
Et tel un papillon aux ailes de pétales
Tu m'as tendrement portée.

La fougère encrée dans la pierre
Comme mes sentiments pour lui :
Prisonniers de l'ambre solaire,
Et de trop d'émotions enduits.
Fossiles, et la roche est friable
– Déjà brisée en deux moitiés –
Mais d'amour, est intarissable.

Lui, il n'a pas jeté la pierre.
Il ne l'a pas cassée, brisée
Il l'a prise – ses mains lunaires –
Et l'a contre son cœur serrée,
L'a pommadée et réparée
Réunissant les deux moitiés
De mon cœur de pierre éboulée.

La pierre, quand réduite en sable
Reforme de la roche stable.

Voyage en montgolfière bleue
Plus haut pour plonger dans tes yeux,
Encore davantage de feu
Jusqu'à manquer d'air et jusqu'à
M'asphyxier dans tes bras.

En ton âme n'est qu'étincelles :
Dans ton sourire et tes paroles,
Celles que tu dis, qui m'enrôlent,
Sur ta peau et dans tes prunelles ;
Si tu savais comme je t'aime.

Champs de fleurs sauvages – rendez-vous –
Tu t'avances vers moi – secret –
Mon corps se balance en orbes
Ciel évanoui se dérobe,
Mes cheveux, longs rayons de lune
Et ta peau de lumière gorgée.
Mes mains retrouvant tes joues crème,
Nos larmes forment un diadème
Sur mon front, il vole en éclats.

Lumières de nos corps toujours plus proches
supernova en expansion
jusqu'à notre implosion

peaux de velours sous la voûte céleste

La vapeur d'eau chaude envahit la pièce,
Buée qui grimpe et recouvre la glace
Et l'eau brûlante qui vole sans cesse,
Pendant que nos corps s'embrassent.

L'air est moite et nos corps sont collés
Contre le mur de carrelage chaud,
Nos cheveux se confondent, trempés,
Tes lèvres indélébiles sur ma peau.

Mes bras serrés entourent tes épaules,
Te rapprochant encore, tes caresses,
Tes lèvres dans mon cou, ton nez me frôle,
Mes jambes t'entourent, liant nos faiblesses.

Notre ivresse rend tout le reste flou,
Peut-être que la buée vient de nous.

Assise sur tes genoux dans le bus,
Tes bras encerclant ma taille d'étreintes
Et ma tête sur ton épaule, flou focus :
Silence, nos yeux vers le ciel éteint.

Le jour se confond en un long soir d'hiver.

Mon visage est enfoui contre ton cou
Et mes yeux se ferment lentement, seuls ;
Moitié endormie, j'hume ton odeur,
Baisers sur mon front et mon sommeil doux
M'attrape à son tour, bien loin de la terre,
Où tu es aussi.

Les étoiles se reflètent
Dans le lac large et profond
Quelques reflets dans tes yeux ;
Et j'observe, précision
Le bref reflet du reflet
Des étoiles dans tes yeux.

D'étoiles tes yeux sont remplis
– Yeux ocre, comme les rochers
Sur lesquels les vagues s'écrasent
– Vagues jade, comme mes yeux.

La Voie lactée pour auréole
– Violacée comme mes cernes
De penser à toi chaque nuit,
Les vagues s'écrasent ; l'on s'embrase.

Ma fenêtre ouverte,
Les rideaux volants,
Dans la nuit inerte
Qui respire à temps

Mes lierres supplient
Pour que tu les grimpes,
Jusqu'à mon frais lit
Occupé de plaintes

J'attends tellement
Ce ne serait plus
Un débarquement
Surprise ; un intrus.

Nos deux peaux l'une contre l'autre,
Ton odeur partout dans mes draps,
Tes mains le long de mon corps rôdent ;
Reste pour toujours près de moi.

Dans notre manque nous nous contemplons
Plus proches encore que l'on puisse l'être.

Nos doigts traçant nos constellations sur nos peaux,
Ces caresses et frissons d'un glacial si chaud,
Secouent mes sens et – fracas – font trembler mes os.

Et tout le reste : le temps, la vie ; oublions :
Rien que tous les deux dans la plaie du tourbillon.

Apothéose de nos sentiments à l'unisson
Peau contre peau ; douceur, amour, tendresse, adoration.

Nos cheveux s'emmêlant dans les soupirs du vent,
Nos regards croisés, plongeon dans notre océan.
Je flotte et me noie dans tes yeux couleur Vénus,
Mon cœur court au ralenti, si vite ; tes doigts l'usent.
Tu as démoli les façades de ma tour
Et en as construit d'autres abritant notre amour.

Si tu savais comme je t'aime, mon amour
Comme rien ne pourrait m'arrêter, aucun vent,
Aucune bourrasque, aucun mur, aucune tour,
Aucune route, aucune mer ni océan.
« Je t'aime », tes mots tendres, comme je les use ;
Nous, pour toujours aussi amoureux que Vénus.

Chaque soir je pense à tes yeux couleur Vénus,
Chaque nuit, chaque jour, chaque instant, mon amour
Je pense à tes mains qui parcourent
ma peau, qui l'usent,
Je pense à courir vers tes bras, à contre vent,
À plonger infiniment dans tes océans,
Et à te prendre contre mon cœur à mon tour.

À l'abri, protégée dans tes bras, notre tour,
Me regardant comme muse, comme Vénus ;
Je le sais, ton amour aussi est océan.
Peut-être est-il grand comme le mien, ton amour,
Peut-être est-il lui aussi fort comme le vent :
Il est impossible que notre amour ne s'use.
Et s'il fallait qu'une seule chose ne s'use,

Ce serait toi, moi, rien que nous et notre tour
À contre-courant, et toujours contre le vent.
Si c'est nécessaire, nous serons Mars et Vénus :
Nous nous retrouverons, toi et moi, mon amour,
Au-delà de chaque mur, route et océan.

Je ferais tout pour retrouver tes océans,
Pour qu'à nouveau, les regardant, mes yeux les usent.
Nous nous appartiendrons pour toujours, mon amour
On ne sera jamais plus tiers à notre tour,
Admire et désire-moi comme une Vénus ;
Nos cheveux s'emmêlant dans les soupirs du vent.

Tu as fait s'évaporer la brume de ma tour –
Notre tour, elle tiendra toujours, mon amour,
Nos cœurs enlacés et tes yeux couleur Vénus.

J'imagine
Le plafond dégringolant doucement,
Allongée,
Le ciel clairsemé au-dessus de moi,
Ma poitrine
Descend et monte précipitamment ;
Respirer,
Escalader les nuages avec toi.

Te trouver
Accoudé à la lune, tu me souris ;
Faire la course
De liane en liane, suspendus aux étoiles,
Essoufflés,
On s'assied enfin, fin de la partie
Je retombe
Sous les nuages, mon lit matinal.

Nos longs baisers au milieu de nous-mêmes
– il n'y a que ça, que nous, que ces baisers –
ces longs baisers, nos longs baisers – jusqu'à
créer une autre pièce, notre autre pièce

la pièce du téléphone.

Le lustre de ma chambre – minuit
Sous la lumière artificielle,
Tirer des plans sur la comète ;
Rêve enfiévré que moi, enfuie,
Je puisse être ta dulcinée.

Les scénarios tournent en boucle,
Les citations à l'eau de rose
Où tu cries ton amour en prose
Que tu restes coûte que coûte –
Je veux être ta dulcinée.

Cette étoile, elle me rappelle toi,
C'est un feu d'artifice à elle seule
Si seulement tu étais avec moi
Ton absence amère me rend si veule.

Cette étoile elle brille pour toi,
Je reste à l'observer dans le noir
Et elle brille de tout son art,
M'extrayant enfin du long couloir.

Cette étoile dans les cieux pénombres
Recouverte de nuages crème
Toi, personne ne te fera d'ombre,
C'est dit dans ma bouteille à la mer.

Que ces centaines d'étoiles, d'astres
Me montrent la voie – elle est trop vaste
Et maintenant que le ciel est bleu
Tout ce qui me manque, c'est tes yeux.

Poussière d'étoiles dans tes yeux, m'envoler
Et revenir la toucher du bout de mes doigts
Puis tout doucement revenir, trop épuisée,
Pour sentir ton odeur, me blottir dans tes bras.

Le vent fait bruisser les feuilles et hautes herbes,
Je crois entendre tes pas au loin me rejoindre.
    – Non, pas encore. –
Je t'attends, assise sur notre nappe verte,
Et les bruits du chant des oiseaux me semblent peindre,
Fardant le ciel de leurs éloges amoureux.
     – Comme les nôtres –
Quand tu arriveras enfin, seul, silencieux
Je sais déjà ce que tu diras en premier :
      – « T'es tellement belle » –
Et je sens déjà tes mains autour de mes hanches,
Tes doigts contre ma joue, tendrement, tes baisers,
     – Toutes mes parcelles –
Je te vois enfin arriver dans la distance.

Nos ombres s'étalent sur la façade,
Tes bras accoudés contre la rambarde,
L'air caressant mon corps nu dans le cadre

Et de l'autre côté de la fenêtre
Les draps défaits nous attendent, s'apprêtent ;
Tu fais tomber notre enveloppe à terre.

Nos peaux qui l'une contre l'autre dansent,
Ne supporteront plus aucune absence
Je ne veux rien de plus que ça, que toi.

Que nos peaux – deux corps collés
– s'attachent en nos plaies
Jusqu'à ce que nos ombres n'en deviennent qu'une ;
Tenons-nous par les mains, par nos cœurs attachés.
Lumière tamisée de nos ombres enlacées
Nous et notre amour, au plus profond sous les draps
Baisers de nos lèvres (entre)mêlées, imbriquées.

Crépuscule, le soleil tombe sur ma peau,
Bientôt la pluie lumière touchera mes os
Le concert de vents emportera dans sa douve,
Tout, sauf le coffre de notre amour anacrouse.

Alors vaisseau lumineux flottant dans la nuit,
Tu retrouveras simplement notre âme-qui-luit.

Nuage de sucre rose
Contre ma bouche de plumes
Désirant tes lèvres fendues
Contre moi
Ta peau hématomée
Contre ma peau de plumes
Nuage de sucre rose
– t'en as un peu trop fait
mais ce qui est sûr
c'est qu'il ne m'approchera plus.

Les branches qui découpent
L'infini ciel pastel
Les cheveux dans la boue
Les yeux vers le soleil.

Ma robe trempée par l'eau
Qui coule sur ma peau
[Tu n'es jamais venu].

Les cieux lourds et morcelés
Comme mon cœur harassé
Par tes souvenirs et puis
Je me noie au fond du puits
De nos vides ternis.
[intriqués].

Notre amour bourgeonnant
De baisers fulgurants
A étiré mes lèvres
Des sourires que tu aimes

Notre amour éclatant
Éclairé du printemps
Nos cœurs emplis de braises
Nos pique-niques à la fraise

Notre amour distendant
Messages ambulants
A disloqué mon cœur

Notre amour disparu
De beaux mots abattus

Notre amour

Des filets d'or fin tombent sur ton visage
Du ciel platiné aux rayures d'ivoire ;
Ta peau devient safran et tes yeux opales
— les étoiles veulent te rencontrer
je leur ai trop parlé de toi —
tu me souris
[une dernière fois].

Remerciements

Merci à mes premier·es lecteur·ices, Ouwais bien sûr, Luis, Meg, Claude, Océane, Marie, L, merci pour leurs remarques, leurs critiques et leur gentillesse.

Merci à Marion, Emeline et Virginie pour leur aide plus technique, leurs conseils, leur bienveillance.

Merci aux héros·oïnes sans cape, aux professeur·es qui ont fait de ma scolarité non seulement ça, mais aussi un dialogue humain. Merci d'avoir cru en moi.

À propos de l'autrice

Daphnée Bruguier est née et vit à Toulouse, en France. Autrice et poétesse, mais aussi chanteuse, parolière et artiste plasticienne sur son temps libre, elle publie son premier recueil de poésie *Lumières ou Déesses chimériques* à 18 ans. Esquissé dès 2020, il est accompagné d'une version ornée de collages, *Lumières : Extraits illustrés*. Daphnée Bruguier et ses (futurs) livres peuvent être retrouvés sur ses réseaux sociaux @daphneebruguier, ou sur son site internet www.daphneebruguier.com.

Sommmaire

Préface..5

Livre I - Lumière idôlatriques, lumières chimériques............11
Livre II - Lumières du réseau de coeurs..................................47
Livre III - Lumières intérieures, lumières sensibles...............67
Livre IV - Lumières naturelles, lumières brutes....................83
Livre V - Lumières de toi, lumières de nous.........................103

Remerciements...138
À propos de l'autrice...138
Sommaire..139